野球のケガ予防とパフォーマンス向上に役立つ
究極のピラティス・エクササイズ

野球ピラティス

ピラティス・インストラクター
市川いずみ 著 ✕ 整形外科医
金岡恒治 監修

JN083397

はじめに

才能、技術、知識……、素晴らしいものがあっても
健康な身体がなければ、野球はうまくならない

　AIが発達し、野球界もここ数年で大きな変化を遂げています。各球場にはホークアイ（投球の速度・回転数・軌跡などのデータをリアルタイムに解析できる機器）が設置され、練習でもトラックマンやラプソードといった機器で、ボールの回転数や回転軸はもちろん、バットの軌道や入射角など、多くの動作が数値化されるようになってきました。バレルゾーンというホームランになりやすい打球スピードや角度を指標とするなど、投打ともに "データ" が重要視される傾向にあります。

　これはプロに限らず、少年野球でもこれらの計測を行うチームも少なくなく、数字・データというものが、野球界のノーマルになりつつあります。もちろん、これらは時代とともに進化した技術を生かしたものであり、昭和の野球では実現することができなかったパフォーマンスを発揮できるツールとなり得ると思います。

　一方で、数字やデータを追いかけすぎて、本来の大切なものを見失っている選手も多々いると感じています。私は小学生からプロまでの幅広いカテゴリーで、野球選手にピラティス指導を行っていますが、「動作解析でこういわれました」、「この数値をもっと上げたいです」、「〇〇選手はこうやって投げているので、同じように投げたいです」。このよう

な相談を受けることが増えてきました。

　エビデンスがあり、科学的にも実証されているものを追い求めることで、パフォーマンスアップにつながる可能性はありますが、可視化された数値に猛進して、ケガをしてしまう選手もいます。ケガをすれば、野球がうまくなるどころか試合にも出られず、程度によっては練習すら満足にできない状況になります。元も子もないですよね。

　イチロー選手も過去に「プロ野球選手は、ケガをしてから治す人がほとんどです。しかし、大切なのはケガをしないように普段から調整することです。ケガをしてからでは遅いのです」と述べています。

　ピラティスには "study of movement"、理想的な動きを学習し、染み込ませ、人間が本来あるべき動きを再構築させるという目的があります。低下している身体機能を回復させ、ケガをしない身体をつくり、つねにパフォーマンスを発揮できる状態でいることが、野球選手としてのレベルアップには必要ではないでしょうか。

　大好きな野球をケガで諦めないでほしい――。すべての選手の野球人生がより輝いたものになりますよう、本書がその一助になればうれしいです。

市川いずみ

Contents

Memo

デザイン	1108GRAPHICS
写真・動画撮影	阿部卓功
イラスト	田中祐子
モデル	加藤孝太郎（JFE 東日本）
動画編集	木村雄大（ライトハウス）
編集協力	プロランド
協力	阪神タイガース

Chapter 1

ピラティスとは

◆

第一次世界大戦中に傷害兵の
リハビリテーションを目的に
考案されたエクササイズがピラティスです。
特徴は、1つのエクササイズで
1つの筋を働かせるのではなく、
複数の筋群を協調的に働かせること。
まず、ピラティスについて知ってください。

What is
Pilates?

ピラティスはただの流行ではない

100年以上の歴史を持つ 用途の広いピラティス

　ピラティスはドイツ人のジョセフ・ピラティス氏が考案したエクササイズです。現在は、都内のあちらこちらにもピラティススタジオができ、芸能人やモデル、インスタグラマーが取り組む、"映える"トレーニングとしてのイメージが広がっています。しかし、もともとは、第一次世界大戦中に傷害兵のリハビリテーションとして考えられたもの。ベッドの上で寝たままでもできるエクササイズ用のマシンが開発され、それが現在スタジオなどで使用されているリフォーマー（ピラティス専用のベッド型マシン）の原型となりました。

　その後、アメリカに渡ったジョセフ氏は、ニューヨークにスタジオを開設。ダンスやバレエなどのダンサーに指導したといわれています。その効果が徐々に伝わって、アスリートや俳優などの間でも広まっていきました。約100年の歴史の中で、ピラティスの用途も幅広くなってきています。

運動を学習し、 人間本来の動きを取り戻す

　日々の生活の中で、猫背になったり反り腰になったりと、人それぞれに身体の癖が必ずあると思います。その癖が身体のゆがみを生み、人間が本来持っている身体の機能を低下させ、腰痛などの慢性的な身体の不調を引き起こす原因となっています。それらを元の状態に戻し、身体本

来の機能を取り戻させるのがピラティス・エクササイズです。

　ジョセフ氏は「運動をするときは、いつでも正しい動きをすることに意識を集中しよう。やり方が不適切だと、本来の効果が失われてしまう」と述べています。一部の筋肉ではなく、すべての筋肉を均一に発達させることで個々の筋肉が調和でき、身体が正しく機能します。それにより、身体・頭・精神が協調でき、"健康"を手に入れることができるということです。

　野球をするにあたり、"健康"は必須。ジョセフ氏がピラティス・エクササイズを普及していくにあたって大切にしていた原理原則を理解することで、より効果を感じられることと思います。

　エクササイズを始める前に、次項でピラティスの原理原則を確認しましょう。

ピラティスを考案したジョセフ・ピラティス

©GettyImages

ピラティス専用のベッド型マシン、リフォーマー

©GettyImages

ピラティスの原理原則

最も重要な「コントロロジー」を理解し、意識しよう

　ジョセフ氏が最も訴えたのが、「コントロロジー」という概念で、コントロール（制御）＋ロジー（学問）を掛け合わせてつくった言葉です。
　著書『Return to Life Through Contrology』の中で、「コントロロ

8つの理論

①コンセントレーション
エクササイズ中はつねに正しい動きができるように、"集中"して行うこと。また、それを意識しなくてもできるようにマスターする必要がある。

②コントロール
反射によって運動を支配されるのではなく、筋は自分の意思に従って動くことが理想。理解して、イメージどおりに身体を動かす。

③センタリング
すべての動きは安定した身体の中心からつくられる。コアや軸を意識して動く。

④フロー
筋やじん帯を柔軟にし、引き伸ばし、流れるように優雅に、スムーズに動く。

ジーとは、忍耐を持って持続させることで、エクササイズから生まれる
有益な効果を自分のものにすることができる」と述べ、「身体と心を調
和させるもの」と説いています。

　このコントロロジーを身につけるために、ジョセフ氏がキーとしてあ
げたのが、下記の8つの理論です。エクササイズ中は身体を何となく動
かすのではなく、これらの8つのことを意識しましょう。

⑤プリシジョン

正確な動きでなければ効果を
得ることはできない。正しい
フォームを心がける。

⑥ブレス

生を受けて最初に行う呼吸は
すべての動きと結びついてい
る。呼吸を意識して身体の動
きと連動させる。

⑦リラクゼーション

無理な緊張をせず、必要最低
限の筋だけを動かす。

⑧スタミナ

筋疲労は身体に対する〝毒〟
の1つ。持久力も大切である。

医療現場でもピラティスを導入

▌運動療法としての魅力

　世界各地の都会では、街中に〝マシンピラティス〟の文字が躍り、日本でも身近なものになってきています。モデルや芸能人の方々の習い事として、あるいはアスリートのトレーニングとしての印象があるかもしれません。しかし、もともとはジョセフ氏が傷害兵のリハビリテーションとして考案したもので、日本の医療現場でもピラティスをリハビリテーションとして用いたり、運動療法として処方したりしています。『腰痛診療ガイドライン2019』でも、運動療法は強く推奨されています。

　例えば、腰痛で受診した際に、医師から「これを1日10回やるように」と、ストレッチやトレーニングなどを指導された経験はないでしょうか。指導されたストレッチやトレーニングの中には、ピラティスの概念が入ったものが用いられていることもあるのです。みなさんの中にも、知らない間にピラティスを経験している方がいらっしゃるかもしれません。

▌ケガ予防や身体機能回復に
▌積極的に取り入れる

　医療現場で積極的にピラティスを取り入れているのが徳島大学病院です。メジャーリーグ・ボストン・レッドソックスの吉田正尚選手や、プロ野球・福岡ソフトバンクホークスの近藤健介選手の執刀を担当するなど、数々のプロアスリートを診てきた整形外科医・西良浩一先生は、「整形外科の基本は運動療法」と話し、手術を必要としない脊椎疾患の患者

に入院をしてもらい、運動療法としてピラティスを処方したり、手術後のリハビリテーションとして導入したりしています。

　また、「手術をしても、これまでと同じ身体の使い方をしていたら、腰痛は再発する」といい、正しい身体の使い方を学習してもらうことで、再発予防をしています。徳島大学病院のリハビリテーション室には、リフォーマーをはじめとしたピラティス専用マシンがずらりと並んでいます。ピラティス指導者の資格を取得している医師や理学療法士、専門のアドバイザーも常駐しており、充実した態勢が整っています。

　このように徳島大学病院をはじめ、全国のさまざまな医療機関でピラティスは導入されています。医学的見地からも、ケガの予防や身体機能の回復に役立つことができると考えられているのです。

徳島大学病院リハビリテーション室

MLBでは当たり前のピラティス

■ アスリートのケガ予防、機能回復のために

　私は2022年から、プロ野球・阪神タイガースにピラティス講師としてお邪魔しています。そもそもピラティス・トレーナーを志したのも、阪神タイガースがきっかけでした。

　当時はアナウンサーとして阪神甲子園球場に取材で訪れていました。ナイトゲーム終了後の夜遅くに、治療のために他府県まで行く選手がいれば、翌日、チーム練習は午後からにもかかわらず、治療のために朝から球場に来ている選手もいました。

「そういえば、選手からパフォーマンスアップのための話はよく聞くけれど、ケガ予防の話を聞いたことがないな」、ふと、そう思ったのです。

　私も腰痛改善のためにピラティスに通い、数か月で症状がなくなっていました。通っていたスタジオにはプロゴルファーやプロサッカー選手も訪れており、アスリートのトレーニングとしても効果的だと感じていました。そうであるならば、野球界ではどうなのか……、調べてみるとメジャーリーグを含めたアメリカの4大スポーツでは、すでに当たり前のエクササイズであることを知りました。

「MLBで当たり前なら、NPBで導入されるのも時間の問題」と、すぐに資格を取得。2019年にはアメリカ・ロサンゼルスに渡り、エンゼルスとドジャースの施設を見学させてもらいました。両球団ともに、ピラティス専用マシンがロッカールームやトレーニングルームに設置されており、広報担当者に聞くと、「みんな当たり前に使っているよ」とのこと。

　帰国してすぐに阪神タイガースの選手に勧めてみたものの、「何その

デザート？」と一蹴されて終わり。自身の経験から、身体の機能回復によいと実感していたので、もったいないなと思いました。

　当時は、一般の腰痛患者に対するピラティス効果についてのエビデンスはたくさんありましたが、アスリートの障害に対する効果はまだ研究されておらず、説得することはできませんでした。

日本のプロ野球現場でも 増加中のピラティス

　そこで、「自分で研究し、ケガに苦しむ野球選手の力になりたい」と、早稲田大学大学院で「野球選手の障害に対するピラティスの効果」について研究することにしました。研究結果の詳細は次章でご紹介しますが、選手の腰痛の身体所見は消滅し、それを知った阪神タイガースの球団から打診があり、ピラティス講師として招聘されたのです。

　いざ現場に入ると、「シーズン中盤から腰が痛くて……」、「肩の痛みがずっとあります」といったような、離脱までいかないけれど慢性的な疼痛を抱えている選手が多くいました。年間 143 試合も戦うわけですから、当たり前かもしれません。しかし、高い技術や能力を持ったプロ野球選手でも、ケガによって選手生命が断たれたり、本来の力が発揮できなかったりするというのは、残念でなりません。

　2023 年には、読売ジャイアンツの春季キャンプで、ピラティス講師を招聘していました。また現在では、いくつかの球団のトレーニングルームには、ピラティス専用マシンが導入されています。

　福岡ソフトバンクホークスの和田毅選手などが 1 月に行っている自主

トレーニングで、マシンを使ってピラティスをする様子が報道されています。シーズン中に不調があると、ピラティスを教えてくださいという問い合わせも、ここ数年でグンと増えました。このように、日本のプロ野球の現場でもピラティスの普及がみられます。

▋得意、苦手を知って 自分の身体と向き合う

　ジョセフ氏が継続することの大切さを訴えたように、ピラティスは続けることで身体本来の機能を取り戻し、正しい動きへと導きます。

　野球の現場での汎用性や、初心者でも気軽に始められることなどから、グラウンドでは床の上で行う〝マットピラティス〟を提供しています。平らな場所があればいつでもどこでも行うことができ、ルーティーンにも取り入れやすいという利点があります。

　本書で紹介するエクササイズは、阪神タイガースをはじめとするプロ野球選手や、サポートしている甲子園出場校、小学生野球チームで実際に行っているものです。すべて自重で行うので、少年少女からプロ野球選手まで、幅広い層の野球選手に取り組んでもらえるものになっています。得意なもの、苦手なものを知ることだけでも、身体と向き合う第一歩です。自身に必要だと思うエクササイズに、無理のない範囲で取り組んでください。

Chapter 2

野球選手と障害

◆

野球選手にとってケガはつきものです。
どうすれば野球障害を最小限にし、
どのような身体づくりをすれば、
パフォーマンス向上につながるのかを
教示します。

Baseball player
and injury

半年間の追跡調査

▍選手の 85% が痛みを抱えながらプレー

　この章では、野球選手に多いケガについて紹介します。実際に起こっているケガを把握することで、予防につなげることができるかもしれません。

　私が招聘研究員を務める早稲田大学ベースボール科学研究所では、早稲田大学野球部に協力いただいて、約半年間、障害調査を行いました。Oslo Sports Trauma Research Center の質問紙を使用して、約 100 人の選手に週に 1 回の回答を求め、障害の多い部位と、障害の重症度を調査しました。

　図 1 は野球選手に多いとされる 6 部位を対象に、障害の有病率を表しています。有病率は肩が 29.7% で最も多くなり、次いで腰、肘、膝、股関節、側腹部（わき腹）となりました。Non-time-loss は、痛みがありながらも練習や試合に参加している状況で、肩においては選手の 20% が痛みを抱えながらプレーしていることがわかりました。また、Time-loss は、痛みにより練習や試合に参加できていない状況を示し、約 7% の選手が肩痛によりプレーできていないこともわかりました。

　図 2 は各部位の障害重症度を表しています。有病率と同様に肩の重症度スコアが 52.8 と最も高いことがわかりました。有病率では 2 番目に腰でしたが、重症度は膝となりました。膝の場合、痛みがあると練習量やパフォーマンスに影響が大きいことがわかりました。

　また、半年の調査期間中に、1 回でも痛みを訴えた選手は 85.6% に上り、多くの選手がシーズン中に何かしらの痛みを感じることもわかりました。

▌重症度がより高まるのは肩と膝

　肩や膝の場合は他の部位に比べ、痛みを抱えたままプレーを継続すると重症度が高まり、長期離脱やパフォーマンスに大きな影響を与える可能性があります。原因となっている機能を早期に回復する必要があると考えられています。

「レギュラーをとられてしまう」、「休めない」——、気持ちは理解できます。野球の練習と合わせてピラティスを取り入れることで、休むことなく機能回復を目指せます。みなさんも違和感を覚えたら、無理をせずに、自分自身に必要なピラティスを取り入れてみましょう。

図1 各身体部位の障害有病率

図2 各身体部位の重症度スコア

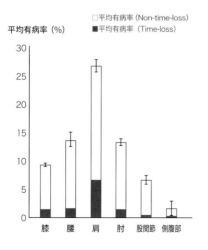

平均有病率（%）
□平均有病率（Non-time-loss）
■平均有病率（Time-loss）

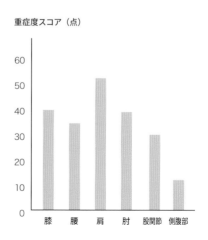

重症度スコア（点）

他競技に比べて腰痛のリスク高

肉離れはハムストリングスと腹斜筋に注意

国内外を問わず、これまでに野球選手を対象にした障害調査は数々行われてきています。ここでは、幅広いカテゴリーで行われている障害調査をもとに、野球選手に起りやすいケガや原因ついて紹介します。

まず、肉離れについてです。整形外科医の小松秀郎先生ら[1]は、プロ野球1球団における肉離れの発生頻度と部位などを調査しています。2006年から2015年の10年間で、プロ野球1球団に所属した全選手198例を対象に行われた調査では、肉離れの発生件数は72件。発生部位については、ハムストリングス19件、腹斜筋18件（内腹斜筋15件、外腹斜筋3件）、内転筋8件、下腿三頭筋7件、大腿四頭筋6件、その他14件と報告しました。

サッカーや陸上などでもハムストリングスの肉離れは多いとされていますが、腹斜筋については多くありません。非対称的な体幹の回旋動作が多い野球においての特徴ではないかと報告しています。

腹斜筋を肉離れすると、競技復帰までに約1か月要するともいわれており、実質2年4か月ほどしかない高校野球生活だと大きなハンデになりかねません。このことからも、予防の大切さを感じていただければと思います。

下肢の柔軟性と腰痛との関連

野球選手の障害の特徴として、次にあげられるのが腰痛です。本書の監修をいただいている整形外科医の金岡恒治先生らが行った研究[2]で

は、他競技や非アスリートと比較して、腰痛既往歴のあった選手が多い
と報告されています。

　また、福島県立医科大学の加藤欽志先生ら[3] が行った、福島県高校
野球連盟に所属する球児を対象にしたメディカルチェックでは、1年の
追跡調査中に約50％の選手が腰痛を経験したと報告されています。

　さらにこの研究の中で、下肢の柔軟性と腰痛の関連を調査しており、
非投球側（右投げなら左脚）のハムストリングスのタイトネスが、腰痛
の危険因子であるとも指摘しています。これについても、非対称の動き
が多い野球の特徴であるといえます。

　投球動作においては、非投球側は投球側よりも大きな床反力を受ける
と報告されているように、下肢への負荷が大きいと考えられます。踏み
込む際のブレーキ機能はある程度必要だと思いますが、過度なタイトネ
スは障害発生を引き起こす可能性があります。投球側よりも入念にスト
レッチを行うなど、ケアをする必要があると考えます。

1 ） プロ野球選手における肉離れの特徴
　　 小松秀郎ら , 2017
2 ） Relationship between Low Back Pain and Competitive Sports Activities during Youth
　　 Mika Hangai（半谷美夏）、, Koji Kaneoka（金岡恒治）ら ,2010
3 ） Influences of limited flexibility of the lower extremities and occurrence of low back pain in adolescent baseball
　　 players: A prospective cohort study
　　 Kinshi Kato（加藤欽志）ら , 2022

野球の障害とモーターコントロール

┃ 強大な体幹の回旋力が腹斜筋の肉離れを生む

野球のおもな動作である投球とバットスイングに共通するのは、体幹の回旋運動です。

速い球を投げる、速いスイング速度を出すためには体幹の回旋運動を効率よく手に伝えていくことが大切です。そのため、図3のように、リード足（右投げなら左足）が地面についた直後から骨盤が回旋し始めて、骨盤の動きに遅れて胸郭（きょうかく）が回旋を始めます。コーチから "カラダの開きが早い！" と注意をされる選手は、足が着地する前から骨盤が回ってし

図3　体幹の回旋運動

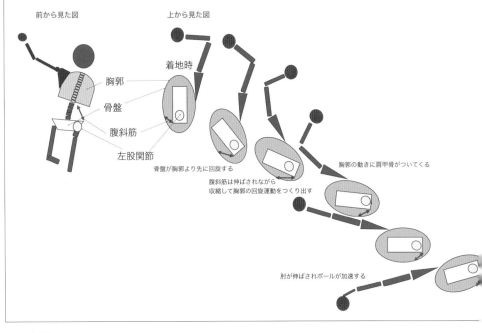

前から見た図　　　　　上から見た図

着地時

胸郭
骨盤
腹斜筋
左股関節

骨盤が胸郭より先に回旋する

腹斜筋は伸ばされながら
収縮して胸郭の回旋運動をつくり出す

胸郭の動きに肩甲骨がついてくる

肘が伸ばされてボールが加速する

まい、骨盤より先に胸郭が回って、体幹回旋力がうまくボールやバットに伝わっていないのです。

なぜ胸郭が遅れて回旋することが必要なのでしょう？

それは体幹の腹斜筋（図３の赤矢印）をうまく使うためです。骨盤が胸郭よりも先に回旋することで、わき腹にある腹斜筋が伸ばされていきます。筋肉は伸ばされているときに強く働く（専門用語で遠心性収縮といいます）ことができます。地面からジャンプするより、台から飛び降りてジャンプしたほうが、膝を伸ばす筋肉が伸ばされながら収縮するため大きな力を出すことができますが、それと同じ作用です。

そのため、骨盤を先に回して、伸ばされた腹斜筋が瞬間的に強く収縮することで、胸郭に大きな捻る力が発揮されて、胸郭が速く回旋されます。その回旋力が肩甲骨に伝わり肩、肘を通ってボールやバットに伝わることで速い球が投げられ、速いバットスイング速度が出せます。

ただ、このように強い回旋力を生み出すときには、腹斜筋には強い引っ張る力が作用するので、体幹の回旋力が強大な一流選手では、腹斜筋に加わる力によって肉離れが発生してしまうことがあります。

メジャーリーガーを対象とした調査では、右打ち・右投げでは左側の腹斜筋に損傷が起きやすく、８割が利き手と反対側の腹斜筋に損傷が起きていて、その数は近年増加してきていることが報告されています[4]。このように、わき腹の筋損傷はパフォーマンスの高い選手に起きるケガということができ、おそらく少年野球では、このような損傷を起こすレベルの選手はいないのではないかと思います。

関節周りのインナーマッスルの働き

　図4左は、投球するときに動く関節の周りの筋肉を表しています。腰の骨を支える体幹筋（腹横筋・多裂筋・腹斜筋）、肩甲骨を支える筋肉（菱形筋・前鋸筋）、肩の関節を支える筋肉である腱板（棘上筋・棘下筋・小円筋・肩甲下筋）はインナーマッスルともいわれ、関節に強い回旋力で動かされる前に働くことで、関節を安定させながら投球動作ができます。

　このように関節の周りのインナーマッスルが適切なタイミングで働いていると、関節への負担は少なくてすみます。つまり図4左のようにインナーマッスルが働いた状態で、先に述べた骨盤・胸郭の速い回旋力が加わることで、腰、肩への負担が少ない動作を行うことができます。正しい動作ができるような筋肉の働く順番のことを「モーターコントロール」と呼びます。

　一方、投球やバッティングのときに筋肉の使い方（モーターコントロール）がうまくできていない、あるいはその選手の持久力の限界を超えるほどのきつい練習を行うことで、動作時に関節を支えるインナーマッスルの働きが悪くなって、モーターコントロールがうまくできなくなるとどうなるでしょう？

　関節を支えるインナーマッスルが働かなくなることで、関節の動きがグラグラと不安定になり、図4右のように関節に余計な力が加わって、関節の障害が発生します。筋肉は体を動かす力を生み出すだけでなく、体をうまく支えるためにも重要です。

　片足立ちをしたときに、骨盤のぐらつきが大きい投手は、投球動作のときに肩や肘に加わる力が大きく、肩肘の故障のリスクが大きいことも実験で証明されています[5]。同様に、正しくモーターコントロールされていない状態で同じ動作を繰り返すと、腰の骨の負担で腰痛が起き、選手によっては腰の骨の疲労骨折を起こしてしまいます（腰椎分離症）。また肩甲骨や肩関節が不安定だと肩や肘の障害が発生してしまいます。

図4　投球時の関節周りの筋肉の動き

＊筋肉については、
　P027、P028 を参照

腱板
前鋸筋
菱形筋

腹横筋
腹斜筋

肘関節靭帯損傷

肩インピンジメント

腰痛
腰椎分離症

インナーマッスルが働いて、正しくモーターコントロールが機能している状態

正しくモーターコントロールが機能していない動作で生じる肩・肘・腰の障害

ケガをしない、パフォーマンスを高めるために

　このように動作を起こすときに、関節の周りのインナーマッスルを使って関節を安定させたあとにアウターマッスルを使って身体を動かすことが、ケガをしないためにも、またパフォーマンスを高めるためにも重要です[6]。

　体幹の運動では、体幹のインナーマッスルである腹横筋を収縮させ、腰の骨を安定させたあとに腹斜筋を働かせて、大きな回旋運動を行います。肩の動きでは腱板（ローテーターカフ）と呼ばれる肩のインナーマッスルを働かせて、アウターマッスルをあとから働かせる使い方が大切です。

モーターコントロール学習に最適なピラティス

　では、このモーターコントロール機能を高めるためにはどうすればよいでしょうか？

筋トレでインナーマッスルを鍛えて強くする？　ストレッチで関節周囲の筋肉を緩めて可動性を出す？　ひたすら走り込む？　いずれも違います。筋肉の正しい使い方であるモーターコントロールを学習するには、正しい動作を繰り返して行い、うまく動作されたときにコーチがほめてあげて、その方法を脳に焼きつけていく運動学習が必要です。

　人はほめられるとそのことが脳に定着しやすく、学習しやすくなります。失敗したとき、叱責することでは正しいモーターコントロールは身につかず、うまくできたときを見逃さずにほめることで、正しい動作が身についていきます。逆境に負けない厳しい根性練習が必要なときもあると思いますが、それは正しいモーターコントロールがしっかりと定着したあとに行うべきです。

　さらに、正しいモーターコントロールはインナーに効かせてからアウターを使うこと、また、体幹筋によって体幹・肩甲骨を安定させてから四肢の筋肉を働かせることといえます。

　そのような筋肉の使い方を学習する方法として優れているエクササイズがピラティスです。ピラティスは、脊柱周囲のインナーマッスルを働かせてから四肢の運動を行うように指導されます。そのため、いつの間にかインナーマッスルが他の筋肉よりも先に働くようになり、姿勢がよくなり、動作がキビキビとしなやかになっていきます。

　ぜひ、きつい筋トレやストレッチや走り込みだけではなく、野球の練習にもピラティスを導入して、正しいモーターコントロールを身につけ、ケガ予防とパフォーマンス向上に役立ててください。

4）Conte, S. A., Thompson, M. M., Marks, M. A., & Dines, J. S. (2012). Abdominal muscle strains in professional baseball: 1991-2010. The American Journal of Sports Medicine, 40(3), 650-656.
5）Laudner, K. G., Wong, R., & Meister, K. (2019). The influence of lumbopelvic control on shoulder and elbow kinetics in elite baseball pitchers. Journal of shoulder and elbow surgery, 28(2), 330-334.
6）金岡恒治編. スポーツ傷害予防と治療のための体幹モーターコントロール. 中外医学社 2019 年

野球選手に大切なおもな筋肉

身体の前面

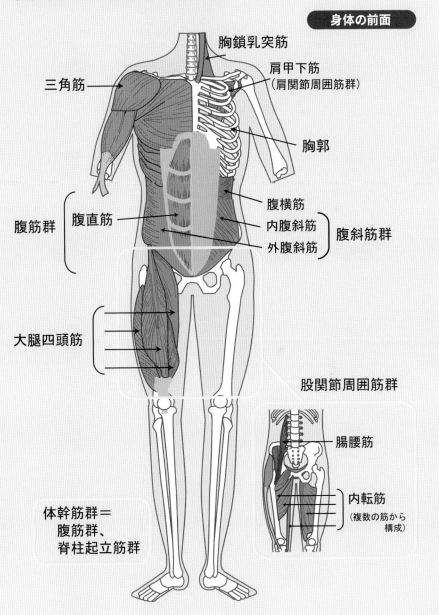

体幹筋群＝
腹筋群、
脊柱起立筋群

身体の裏面

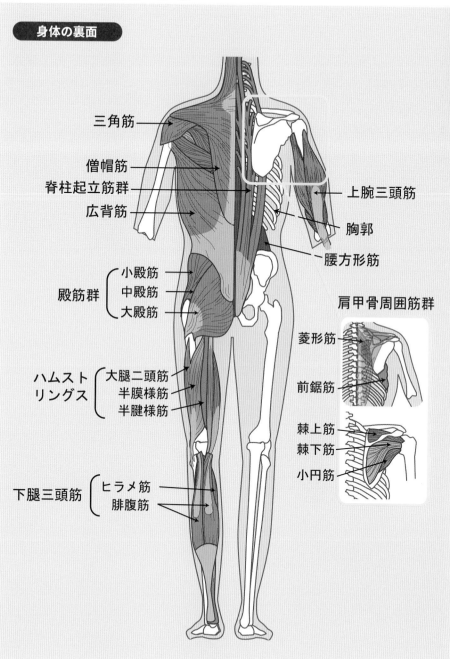

三角筋

僧帽筋

脊柱起立筋群

広背筋

上腕三頭筋

胸郭

腰方形筋

殿筋群 { 小殿筋 中殿筋 大殿筋

ハムスト リングス { 大腿二頭筋 半膜様筋 半腱様筋

下腿三頭筋 { ヒラメ筋 腓腹筋

肩甲骨周囲筋群

菱形筋

前鋸筋

棘上筋

棘下筋

小円筋

Chapter 3

野球選手のための ピラティス・ エクササイズ

◆

さあ、ピラティスを実践しましょう！
ピラティスはしなやかな野球動作を生み出し
繰り返し運動によるケガ予防に役立ちます。
複数の筋群を動かして
パフォーマンス向上につなげてください。

Pilates Exercise for
Baseball player

ピラティスを始める前に

▌ 基本の呼吸

　ピラティス・エクササイズで大切なのは呼吸。エクササイズ中は「呼吸を止めない」ことが鉄則です。普段の生活では、意識せずに自然と行っている呼吸ですが、ピラティス中だとさまざまな身体の動きに意識を向けて、一生懸命になってしまい、気づかないうちに呼吸が止まってしまっていることがあるのです。

　まず、呼吸を止めないことに注力することがポイントになります。

▌ ピラティスで用いられる胸式呼吸

　呼吸法にはたくさんの種類がありますが、ここではピラティスでおもに用いられる「胸式呼吸」を紹介します。

　息を吸い込むとき、腹部ではなく胸郭を拡張させると、横隔膜だけでなく肋間筋も伸縮させることができます。胸式呼吸は、腹式呼吸に比べると胸郭の拡張が多くなり、横隔膜の運動範囲は腹式呼吸よりも少ないという報告があり、胸郭の動きが重要視される野球選手にとっては、学ばなければならない大切な呼吸法です。

　まずは、この呼吸法の練習からスタートしてください。

POINT

- 鼻から吸って口から吐くのが基本
- わかりづらい場合は、立位になったり、仰臥位になったり、座位になったり、姿勢を変えるとわかりやすくなる
- 吸ったときに腰背部が反らないこと
- 10回程度繰り返す
- 肩が上がらないように注意する
- 吐いたときに腰背部が丸まらないこと

Pilates Exercise

立位で

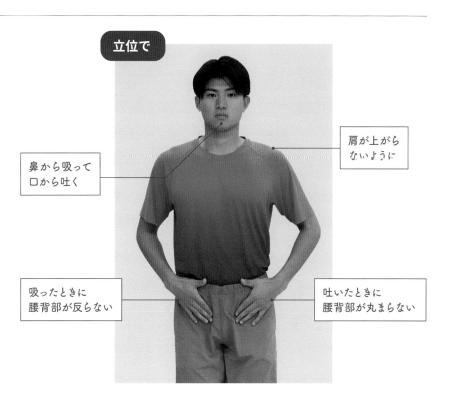

鼻から吸って
口から吐く

肩が上がら
ないように

吸ったときに
腰背部が反らない

吐いたときに
腰背部が丸まらない

仰臥位で

座位で

基本姿勢

ピラティス・エクササイズで用いる基本の姿勢を説明します。

【四つ這い位】

肩の真下に手首、股関節の真下には膝が、肘の内側が前を向かずに、向かい合うようにします。骨盤の後ろ側が天井と平行になるようにし、頭部が下がったり、肩がすくんだりしないように注意してください。

【仰臥位】

足と膝をこぶし幅に開き、仰向けになります。骨盤の前側を天井と平行（腰と床の間が手のひら1つ分あればOK）にし、肋骨が浮き出ないようにして、床に沈めます。

【伏臥位】

足と膝をこぶし幅に開き、身体をまっすぐにしてうつ伏せになります。恥骨を床に押しつけ、おへそが床にベタっとつかないように注意してください。

Pilates Exercise

【側臥位】

骨盤が床に対して垂直になるように、横向きになります。頭より脚が 30°くらい前に出るように、股関節は少し曲げ、床と側腹部の間に空間（マウスハウス）ができるようにします。

マウスハウス

【座位】

あぐらをかき、座骨が床につくようにして座ります。骨盤が床に対して垂直になるようにし、横から見たときに、耳と肩が同じラインにくるようにします。

【膝立ち位】

脚を腰幅に開き、背骨を天井に向けてまっすぐ伸ばすようにして膝立ちになります。骨盤の前側が床に対して垂直になるようにし、背骨は自然なS字カーブを描くようにします。

Exercise 1／四つ這い位

CAT

目的 脊柱全体の可動性を高め、しなやかな野球動作を生み出す。

回数 約 **5** 回

動画はこちら

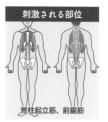

刺激される部位

脊柱起立筋、前鋸筋

腰から背中
全体を丸める

お尻の穴を下に
向けるようにする

手のひらで床を押す

01

耳と肩の距離を保ち、近づきすぎないようにして、手のひらで床を押す。息を吐きながらお尻の穴を下に向けるようにして、腰から背中全体を丸める

床を押すこと
ができずに、
肩がすくんで
しまっている
のは NG

お腹の力をキープして！

伸展時は骨盤を前傾させすぎず、
ニュートラルに保つ。お腹の力が
抜けないようにしましょう。

背中全体を
反っていく

息は止めずに
吸いながら

02

腰をまっすぐに戻しながら、背中全体を反っていく。息を止めずに
吸いながら行う

Exercise 2／四つ這い位

スレッドザニードル

刺激される部位

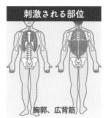

| **目的** | 胸郭の可動性を高め、投球・打撃動作時の回旋運動をスムーズにし、肩・肘障害を予防する。 |

| **回数** | 左右約 **5** 回ずつ |

動画はこちら

胸郭、広背筋

骨盤がぶれないように

目線はつねに指先にして、腕だけでなく、みぞおちから上の体幹全体を意識して動かします。回旋時に骨盤が左右にぶれない状態で、捻ることができるところまで捻ります。

01

息を吐きながら、右腕を左の脇の下を通すように、みぞおちから体幹を左に回旋させる

みぞおちから
体幹を回旋

NG

回旋時に骨盤
が左右にぶれ
ているのは
NG

目線は
つねに指先

02

今度は息を吸いながら、右腕を
高く上げながら、体幹を右に大
きく開く。1〜2を繰り返す

Exercise 3 ／四つ這い位

スイミング修正

目的 背中の伸展筋、体幹を強化する。体幹から肩甲骨にかけての連動性も高め、投球動作をスムーズにする。

回数 左右約 **8** 回ずつ

動画はこちら

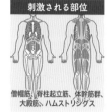

刺激される部位

僧帽筋、脊柱起立筋、体幹筋群、大殿筋、ハムストリングス

01

四つ這い位になり、骨盤はニュートラルを保つ

02

息を吐きながら、右腕を耳の横に伸ばし、同時に左脚をお尻の高さまで上げる。息を吸って1に戻る

脚はお尻の高さまで上げる

腕は耳の横に伸ばす

Advice

大事なのは〝近づける〟と〝引っ張り合い〟

息を吐くとき、おへそは背中に近づけるようなイメージを持つこと。また、腕と脚を挙上するときは、遠くに伸ばし引っ張り合う意識を持ってください。

NG

挙上するときに骨盤の回旋が入っているのはNG。回旋が入ってしまう場合は、挙上の高さを少し下げるとよい。

❌ 骨盤の回旋が入っている

⭕ 挙上の高さを調整して骨盤の回旋が入らないように

03

同じく息を吐きながら次は左腕を耳の横に伸ばし、同時に右脚をお尻の高さまで上げる。左右交互に繰り返す

Exercise 4 ／四つ這い位

ヒップローテーション

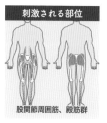

刺激される部位

股関節周囲筋、殿筋群

目的 股関節の可動性を高め、
下肢から体幹へかけての連動性を高める。

回数 左右約 **8** 回ずつ

動画はこちら

01

四つ這い位になる

02

右脚を横に開く

股関節から動かす

股関節から動かす意識で

どの動きも、股関節から動かす意識を持つこと。犬がおしっこをするようなイメージを持ちましょう。

NG

1のときに、かかとが膝よりも高くなってしまうのは NG。膝がかかとより高い位置にあることで殿筋群が働く

03

その高さのまま、
右脚を後ろに伸ばす

背中、腰、脚が一直線
になるように伸ばす

04

右膝を胸に引き寄せ、2に
戻る。2～4を繰り返す

Exercise 5／仰臥位

クリスクロス

目的 内腹斜筋、外腹斜筋を強化して、
わき腹の肉離れ予防につなげる。

回数 約 **8** 回

動画はこちら

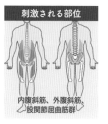

刺激される部位

内腹斜筋、外腹斜筋、
股関節屈曲筋群

01 膝をこぶし幅に開いて仰向けになる

膝はこぶし幅

02 骨盤をニュートラルに保ち、それをキープしたまま、右脚の股関節を 90°に屈曲させる

股関節を 90°に曲げる

みぞおちから捻る意識で

肘は開いたまま身体を捻るようにします。おへそは天井に向けたまま、みぞおちから捻る意識で動くとよいでしょう。

NG

捻転運動中に骨盤が後傾しているのは NG。骨盤はつねにニュートラルを保つこと

03

同様に左も屈曲させる。手は耳の後ろに添えるようにしておく

手は耳の後ろに添える

04

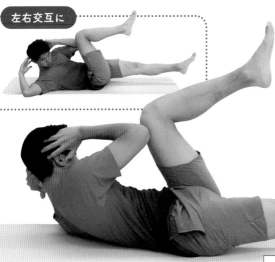

左右交互に

息を吐きながら、右胸を左膝に近づけるように体幹を捻り、左脚を胸に引き寄せる。右脚は床から少し浮くように股関節と膝を伸展させる。これを左右交互に繰り返す

右脚は床から少し浮かせる

Exercise 6／仰臥位

ASブリッジ（アーティキュレーティングショルダーブリッジ）

目的 脊柱全体の柔軟性を向上させ、腰痛を予防する。

回数 約 **8** 回

動画はこちら

刺激される部位

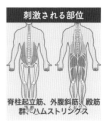

脊柱起立筋、外腹斜筋、殿筋群、ハムストリングス

01

膝と足をこぶし幅に開いて仰向けになり、骨盤をニュートラルに保つ。膝の角度は、お尻とかかとが靴1足分の距離になるようにする

こぶし幅に開く

お尻とかかとの距離は靴1足分

02

息を吐きながら、骨盤を後傾させる

息は吐きながら

骨盤の運動を意識する

お尻を持ち上げるだけでなく、体幹を意識して、骨盤の回旋が入らないように、前／後傾運動を意識しましょう。

NG

骨盤の回旋が入っている。上に上がり切ったときに肋骨が浮いてしまうのも NG

03

膝から肩が一直線になるまで、尾骨から1つずつ床から離していき、肩甲骨で身体を支えるところまで上がっていく

膝から肩は一直線

肩甲骨で身体を支える

04

上げ切ったら、そこでまた息を吸い、吐きながら背骨の上のほうから1つずつ丸めて床に下りていき、1に戻る。1〜4の運動を繰り返す

背骨の上のほうから
1つずつ丸める

Exercise 7／仰臥位

シングルレッグストレッチ

目的 腹筋群を強化し、体幹を安定させたまま
股関節を使えるようにする。

回数 約**8**回

動画はこちら

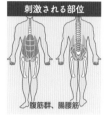

刺激される部位

腹筋群、腸腰筋

01

膝をこぶし幅に開いて仰向けになる

膝はこぶし幅

02

骨盤をニュートラルに保ち、それを
キープしたまま、右脚の股関節を 90°
に屈曲させ、同様に左も屈曲させる

股関節は 90°に
曲げる

NG

運動中に肩や頭が床についてしまっている。3の姿勢をキープしながら動くこと

03

息を吐きながら、頭と肩を持ち上げ、右脚を伸ばしながら、左膝を胸の位置まで引き寄せて両手で膝を挟むように添える

左脚を胸の位置まで引き寄せる

04

息を吸って脚を2の位置に戻し、吐きながら今度は左脚を伸ばしながら右膝を胸に引き寄せる。3〜4を交互に繰り返す

Exercise 8／仰臥位

ハンドレッド

目的 体幹部の強化。呼吸の意識が高いエクササイズで、ウォーミングアップにおすすめ。

回数 約**100**回

動画はこちら

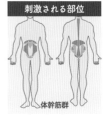
刺激される部位

体幹筋群

01 膝をこぶし幅に開いて仰向けになる

膝はこぶし幅

02 骨盤をニュートラルに保ち、それをキープしたまま、右脚の股関節を90°に屈曲させ、同様に左も屈曲させる。手は床から少し浮かせたところで、身体の横に沿って伸ばす

手は床から浮かせて
身体の横に伸ばす

NG

腰が丸まってしまっている

03

肩を開いたまま、頭部を床から持ち上げて、骨盤はニュートラルに保つ

肩は開いたままで

04

肩から腕を上下させながら、5カウントで息を吸い、次の5カウントで息を吐く。これを10回繰り返し、合計100回腕を上下させる

腕の上下は肩から

腕を上下する

Exercise 9／仰臥位

ロールアップ

| 目的 | 体幹部を強化しながら脊柱の柔軟性を獲得します。 |
| 回数 | 約 **5** 回 |

動画はこちら

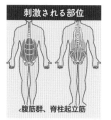

刺激される部位

腹筋群、脊柱起立筋

01

膝を曲げて仰向けになり、膝と足の幅はこぶし幅にする。手のひらは脚の付け根に置いておく

膝と足はこぶし幅に

手のひらは脚の付け根に置く

02

息を吐きながら、頭と肩を持ち上げて、手は膝に向けてスライドさせる

頭と肩を持ち上げる

背中を丸める意識で

上体を起こすより、背中を丸めるという
意識を持ちましょう。また、あごを引き
すぎないように、あごの下にこぶし1つ
分の空間をキープしてください。

あごの下の空間
はこぶし1つ分

背中は丸めるように

NG

腰背部が床から浮いてしまうのは NG。
腰を床に沈めるように丸めるといい

03
息を吸いながら1に戻る。
2と3を繰り返す

Exercise 10／仰臥位

リーチングアームス

目的 肩甲骨の可動性を高め、投球障害を予防する。

回数 左右交互に **10** 回

動画はこちら

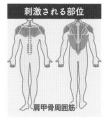

刺激される部位

肩甲骨周囲筋

01

膝と足をこぶし幅に開いて仰向けになり、骨盤をニュートラルに保つ。膝は立てて、手は身体の横に伸ばす

膝と足はこぶし幅に開く

02

息を吐きながら、両腕を天井に向けて上げる（天井に向けて前に倣え）

息を吐きながら

肩甲骨から伸ばす

指先が反対側の指先よりも上にくるように伸ばしましょう。腕だけでなく、肩甲骨から伸ばすような意識が重要です。

NG

骨盤の回旋が入るのはNG。体幹部を働かせ、下肢が動かないようにする

03

息を吸って、吐きながら右腕を天井にタッチしにいくように遠くに伸ばす

天井にタッチするように遠くへ

一度息を吸って、吐きながら

04

息を吸いながら2に戻り、今度は左腕も同様に遠くに伸ばす。2〜4を繰り返す

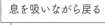

息を吸いながら戻る

Exercise 11 ／伏臥位

ショルダージョイントストレッチ

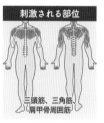

三頭筋、三角筋
肩甲骨周囲筋

| **目的** | 三頭筋、三角筋の柔軟性を向上させ、インピンジメントなどの肩の障害を予防する。 |
| **回数** | 左右約 **15** 回ずつ |

動画はこちら

01
うつ伏せになり、恥骨を床に押しつける
ようにして骨盤をニュートラルにする

おへそではなく恥骨を
床に押しつける

02
右腕は手のひらを床に向ける

手のひらの向きは床

Advice

伸び感が少ないなら
回数を多めに

腕の付け根が伸びていくような感覚を味わいましょう。伸び感が少ない人は左右に揺らす回数を多めにしながら行うと、徐々に伸びを感じてきます。

NG

おへそが床についてしまうと腰が反った状態になってしまうため NG。おへそは背中のほうに近づけたまま動こう

03

右腕を下向きにして、左腕は胸の下を通して右の脇の下あたりに伸ばす。右腕は耳の横に伸ばす

左腕の手のひらは天井に向けます

04

膝と脚は閉じた状態で膝を曲げ、左右に揺らす。腕を変えて同様に行う

膝と足は閉じて

Exercise 12 ／伏臥位

スワン

| **目的** | 胸椎の可動性を高め、体幹背面を強化し、投球障害の予防に役立てる。 |

| **回数** | 約 **10** 回 |

動画はこちら

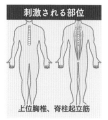

刺激される部位

上位胸椎、脊柱起立筋

01

うつ伏せになり、恥骨を床に押しつけるようにして骨盤をニュートラルにする。足と膝はこぶし幅に開き、膝の皿は真下に向ける

脚と膝はこぶし幅に開く

膝の皿は下向き

02

肘を開いて手のひらを重ね、手の甲と額をくっつける

肩がすくまないように するために

上半身を持ち上げるとき、肩がすくまないように肩甲骨は下げるイメージを持ちましょう。

NG

脚も同時に持ち上がってしまうのはNG。脚に力が入らないところで、上半身の持ち上げをストップしよう

03

息を吐きながら、上半身をゆっくり持ち上げる

息を吐きながら

04

息を吸いながら、2に戻る。3〜4を繰り返す

息を吸いながら

Exercise 13／伏臥位

ダブルレッグキックス

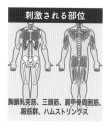

刺激される部位

胸鎖乳突筋、三頭筋、肩甲骨周囲筋、
殿筋群、ハムストリングス

| **目的** | 頸椎から肩甲骨周辺までのアライメントを整え、肩障害の予防につなげる。 |
| **回数** | 左右交互に約 **10** 回 |

動画はこちら

01

うつ伏せになり、恥骨を床に押しつけるようにして、骨盤をニュートラルにする。足と膝はこぶし幅に開く

足と膝はこぶし幅に

02

かかとをお尻に近づけるように膝を曲げる。手は腰の上で指を重ねる程度に組み、頭部は右側に向けておく

頭部は右に向ける

Advice

脚と頭で引っ張り合う

3の際に、脚と頭で引っ張り合うように、遠くへ伸ばしましょう。膝も床から浮かせましょう。

03

息を吐きながら、つま先が床につかないように両脚を後ろに伸ばし、同時に両腕は手のひらを天井に向けたまま、後ろに引くように肘を伸ばし上半身を持ち上げる。頭部は床を見るように、正面に向ける

手のひらは天井に向ける

目線は床、頭部は正面

つま先は床につけない

息を吐きながら

04

息を吸いながら、今度は頭部を左側に向けながら2に戻る。2〜4を繰り返す

息を吸いながら

頭部を左側に向けながら戻る

059

Exercise 14／座位

ロールダウン

刺激される部位

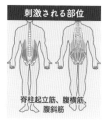

脊柱起立筋、腹横筋、腹斜筋

| 目的 | 骨盤前後傾運動を獲得して、腹筋群を強化し、腰痛予防を図る。 |
| 回数 | 約 **5** 回 |

動画はこちら

01

骨盤が立つように膝を軽く曲げて座り、手は前に倣えをする

骨盤は立てる

02

息を吐きながら骨盤を後傾させ、下位腰椎から順に丸めて後ろに倒れていく

息を吐きながら

下位腰椎から丸める

Advice

大腿四頭筋に力を入れないように

目線は手と手の間ぐらいで、下を向きすぎないようにします。あごの下にこぶしを1つ入れるようなイメージで行ってください。大腿四頭筋に力が入らないようにして、入ってしまう場合は、半分ほど後ろに倒れるくらいにして、その距離で運動を続けましょう。

NG

大腿四頭筋に力が入っている

エクササイズのスタート時とフィニッシュ時に骨盤が後傾している

03 腰椎が床についたら、息を吸って準備する

04

息を吐きながら、上位胸椎から順に上に上がっていく

上位胸椎から上に上がる

05

腰椎が床から離れたら、最後はしっかり骨盤を立てる

しっかり骨盤を立てる

Exercise 15／座位

ロールダウン（万歳）

LEVEL UP

目的 骨盤前後傾運動を獲得して、
腹筋群を強化し、腰痛予防を図る。

回数 約 **5** 回

動画はこちら

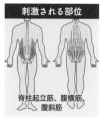

刺激される部位

脊柱起立筋、腹横筋、腹斜筋

01
骨盤をしっかり
立てる

02
下位腰椎を
丸める

05
再度、息を吐きなが
ら両手を上げる

06
両手の上げ下げを
5回繰り返す

ロールダウンがスムーズにできるようになったら、1〜2の動きを途中で止め、そこで息を吐きながら両手を上げる。吸いながら手を戻し、再度吐きながら、同様に両手を上げる

03

丸めた位置で息を吐き
ながら両手を上げる

04

丸めた位置で息を吸い
ながら両手を下げる

07

腰椎を戻して骨盤を
しっかり立て、1に戻る

Exercise 16／座位

ローリングライクアボール

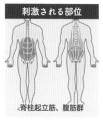

刺激される部位

脊柱起立筋、腹筋群

| 目的 | 腰背部を伸張して腹筋群を強化し、体幹のバランスを強化する。 |

| 回数 | 約 **10** 回 |

動画はこちら

01

骨盤が立つように
膝を曲げて座り、
手は前に倣えする

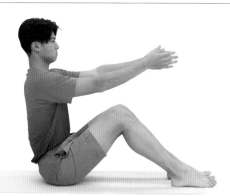

02

息を吐きながら骨盤を後傾させ
て、途中で止まったら、右股関
節を屈曲して右脚を離地させる

03

左脚も同様にする

Advice

膝と胸の距離を一定に保つ

膝と胸の距離が近づかないようにし、目線はつねに膝あたりに向けましょう。

Advice

意識は肩甲骨あたりまで

背中の中心ラインで転がるようにし、斜めに転がらないように注意します。大きく転がりすぎて、後頭部が床についてしまわないよう、肩甲骨あたりまでを意識してください。

大きく転がりすぎて、後頭部が床についてしまっている

04

手を膝裏に置き、下位腰椎からゆっくり後ろに倒れていく

05

背中のカーブを保ったまま後ろに転がる

06

息を吐きながら3のポジションに戻ってくる。このとき、足を床につけないように、ギリギリのところで止める。この転がり運動を10回繰り返す

065

Exercise 17／座位

ヒールスライド

目的 腸腰筋を強化して、下肢から上肢にかけての連動をスムーズにする。

回数 左右 **10** 回ずつ

動画はこちら

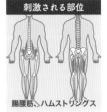

刺激される部位

腸腰筋、ハムストリングス

01

骨盤が立つように、膝を伸ばして座り、手を肩の横にまっすぐ下ろす

骨盤を立てる

02

そこから手のひら1つ分後ろに手を置く。肩がすくまないように床を押し、体幹は少し後傾させる

肩がすくまないように床を押す

腸腰筋をギュッと
させる感じで

ゆっくり引き寄せ、腸腰筋が
ギュっとするのを感じるようにし
ます。引き寄せた際に頭が前に
出たり、猫背になったりしないよ
うにしましょう。

NG

骨盤の後傾が
入ってしまうの
はNG。引き寄
せる距離は短く
てもいいので、
骨盤のニュート
ラルを維持して
動く

03

右かかとを滑らせながら身体
に引き寄せ、骨盤の後傾が入
らないところで止める

かかとを滑らせるようにする

04

かかとを滑らせながら
2の位置に戻す。この
運動を繰り返し、左脚
も同様に行う

Exercise 18／座位

ヒールスライド

刺激される部位

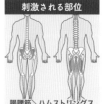

腸腰筋、ハムストリングス

目的 腸腰筋を強化して、下肢から上肢にかけての連動をスムーズにする。

回数 左右 **10** 回ずつ

動画はこちら

01

骨盤が立つように、膝を伸ばして座る

02

手は手のひら1つ分後ろに置く。肩がすくまないように床を押す

05

膝の角度を変えないようにかかとを下げる

06

かかとの上げ下げを10回繰り返す

かかとを引き寄せたポジションを保ちながら、膝の角度が変わらないようにかかと
を持ち上げて下ろす。左右ともに10回ずつ行う。

03
かかとを滑らせなが
ら引き寄せる

04
骨盤が後傾しない位置で
止めて、かかとを上げる

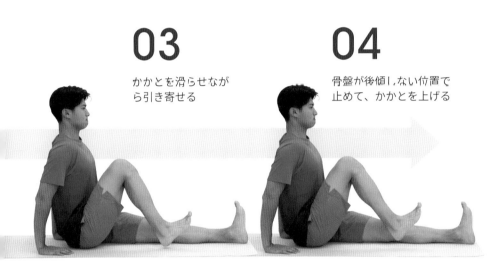

07
かかとを上げ下げし
たら2の位置に戻す

Advice

骨盤の後傾は禁物！
かかとを上げる高さが高くなくて
もいいので、骨盤のニュートラル
を維持して、骨盤の後傾が入ら
ないようにしましょう。

Exercise 19／座位

リバースプランク

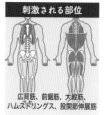
刺激される部位

広背筋、前鋸筋、大殿筋、
ハムストリングス、股関節伸展筋

目的 大胸筋や小胸筋の可動域を広げ、
肩・肘の障害を予防して、強い送球を目指す。

回数 約**5**回

動画はこちら

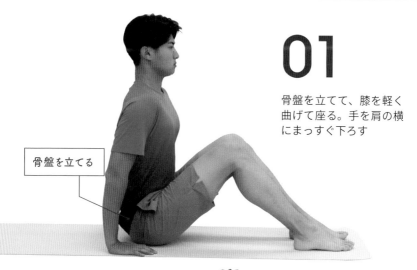

01

骨盤を立てて、膝を軽く
曲げて座る。手を肩の横
にまっすぐ下ろす

骨盤を立てる

02

そこから手のひら１つ
分後ろに置く

手のひら1つ分

070

スタートポジションで
肩をしっかり開く

1のスタートポジションのときに肩を
しっかり開いておくと、お尻や体幹を持
ち上げた際に、胸筋を伸張させられます。

大切なのはスタートポジションの肩の開き

NG

スタートポジションで前鋸筋が使えず、
肩がすくんでしまっている

03

肩がすくまないように、床をしっかり押し、お尻を持ち上げる。で
きれば股関節が伸展して、体幹部が床と平行になるまで持ち上げる。
2〜3を繰り返す

体幹部は床と平行

手はしっかり床を押す

Exercise 20 ／座位

シーティッドツイスト

| 目的 | 内腹斜筋、外腹斜筋を強化し、投球・打撃時の捻転スピードアップにつなげる。 |
| 回数 | 左右約 **5** 回ずつ |

動画はこちら

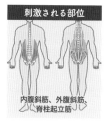

刺激される部位

内腹斜筋、外腹斜筋、脊柱起立筋

手のひらは天井に向ける

01

骨盤を立て、両足を腰幅に開いて長座する。手のひらを天井に向け、肩の高さにまっすぐ伸ばす

足は腰の幅に

02

息を吐きながら、身体を右に捻る。肩を捻るのではなく、みぞおちから捻る意識を持って行う

みぞおちから
捻る感じで

息を吐きながら

長座で骨盤が
立たない人へ

ハムストリングスが硬く、
長座で骨盤が立たない人は、
ヨガブロックや硬めのクッ
ションなどの上に座りま
しょう。

捻転時に両脚が
左右にぶれるの
は NG。下半身
が動かない範囲
で捻る

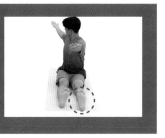

息を吸って

03

息を吸って1に戻る

04

再び吐きながら
今度は左に捻る

マーメイド

目的 脊柱の側屈を促し、投球や打撃時の
側屈運動をスムーズにする。

回数 左右約 **8** 回ずつ

動画はこちら

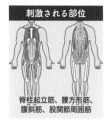

刺激される部位

脊柱起立筋、腰方形筋、
腹斜筋、股関節周囲筋

01
左脚を身体の前に膝を曲げて置き、足の裏が右脚の太ももを向くよう
に座る。右脚は身体の後ろに膝を曲げておく。手は肩の高さに伸ばす

02
左手は床につき、右手
は右耳の真上にくるよ
うに持ち上げる

腹斜筋を使って
起き上がる意識で

1に戻る際に腕の力を使わないようにします。腹斜筋を使って起き上がる意識を持ちましょう。

NG

お尻が床から浮いてしまうのはNG。お尻は床にくぎで刺しているようなイメージを持ち、離れないようにするといい

03
息を吐きながら，身体を左側に倒していく

04
床に左手をついたら、息を吸いながら1に戻る

05
息を吐きながら、今度は右側に身体を倒す。1〜5を反復する。脚を組み替えて逆側も行う

Exercise 22／座位

マーメイドツイスト

刺激される部位

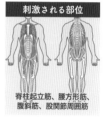

脊柱起立筋、腰方形筋、
腹斜筋、股関節周囲筋

目的 脊柱の側屈を促し、投球や打撃時の側屈運動を
スムーズにし、胸部の可動性をアップさせる。

回数 左右約 **8** 回ずつ

動画はこちら

01

脚は曲げて身体の前に置く。
手は肩の高さに伸ばす

02

左手を床につき、右手は
右耳の真上に持ち上げる

05

胸部を回旋させる

06

右腕をわきの下に
しっかり通す

左脚を身体の前に膝を曲げて置き、足の裏が右脚の太ももを向くように座る。右脚は身体の後ろに膝を曲げておく。手は肩の高さに伸ばす。左手は床につき、右手は右耳の真上にくるように持ち上げ、息を吐きながら身体を左側に倒す。身体を横に倒したまま、右腕を左のわきの下を通すように胸郭を回旋させる。次に、息を吸いながら胸を大きく開くように、左腕を4の位置に戻す。左右それぞれ8回繰り返す。

03
息を吐きながら
身体を左側に倒す

04
右腕を左のわきの
下を通す動きに入る

07
息を吸いながら
胸を開いていく

08
胸を大きくしっかり
開き、4に戻る

Exercise 23／座位

ヒップストレッチ

目的 殿部、ハムストリングス、股関節の柔軟性を高め、膝や腰の障害予防につなげる。

回数 左右 **10** 回ずつ

動画はこちら

刺激される部位

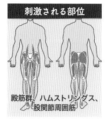

殿筋群、ハムストリングス、股関節周囲筋

01

左脚の膝を身体の前で曲げておき、右脚は股関節と膝を伸展させて後ろに置く。手は身体を支えるように身体の前につく

手で身体を支える

02

左の股関節を支点に、前ににじり出ながら、内ももが床に近づくくらいまで左のお尻を前にもってくる

内ももが床に近づくくらいまでお尻を前に

NG

肩がすくんでしまうのはNG。身体を支える際には前鋸筋でしっかり床を押すといい

03

今度は後ろに下がりながら、左のお尻を後ろにもってくる。2と3を繰り返す

079

Exercise 24／座位

ヒップストレッチ応用

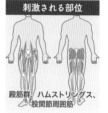

刺激される部位

殿筋群／ハムストリングス、
股関節周囲筋

目的 殿部、ハムストリングス、股関節の柔軟性を
高め、膝や腰の障害予防につなげる。

回数 左右 **5** 回ずつ

動画はこちら

01

手を後ろについて、
膝を曲げて座る

02

両膝を右に倒す

05

両膝を右に倒す

06

左腕も右の後ろ側に
伸ばす

脚を肩幅に開き、膝を曲げて座る。手は少し後ろにつき、体幹を後傾させる。両膝を左右に倒す（約10回）。その後、両膝を右に倒し、左腕も一緒に右の後ろ側に伸ばす。このとき、股関節から膝を倒し、胸郭から腕を伸ばすよう、つねに〝付け根から〞を意識する。左右交互に5回ずつ繰り返す。

03

左に倒す
（左右約10回）

04

1に戻る

07

両膝を左に倒す

08

右腕も左の後ろ側に
伸ばす

Exercise 25／座位

トライアングル

目的 股関節の屈曲・伸展を繰り返し、守備や
走塁の際の切り返し動作をスムーズにする。

回数 左右約 **10**回ずつ

動画はこちら

刺激される部位

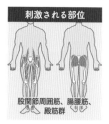

股関節周囲筋、腸腰筋、
殿筋群

01

左脚は身体の前で膝を曲げて
おき、足の裏が右脚の太もも
を向くように座る。右脚は身
体の後ろで膝を曲げる。手は
胸の前で組んでおく

02 息を吐きながら体幹を
前傾させる

息を吐きながら

勢いをつけない
ように注意して

勢いを使わずに、下半身と
上半身を連動させましょう。
4のときには、お尻を後ろ
に引くように意識すると
ゆっくり下りられます。

手で床を押す
のは NG。手に
頼らず、下半
身と上半身を
バランスよく
使って上下運
動すること

03

身体を持ち上げて、
右の股関節を伸展
させる。

04

息を吸いながら、股関節から
身体を折りたたむように 1 に
戻る。1〜4 を 10 回繰り返し、
脚を組み替えて同様に行う

息を吸いながら

Exercise 26／側臥位

レッグサークルズ

目的 股関節のスムーズな動きを獲得して、捕球態勢をつくりやすくする。

回数 左右ともに約 **8** 回

動画はこちら

刺激される部位

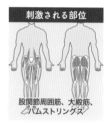

股関節周囲筋、大殿筋、ハムストリングス

01

骨盤を床に対して垂直にし、膝を曲げて横向きになる。上側のお尻を少し遠くに伸ばすようにして、骨盤をニュートラルにする

上側のお尻は少し遠くに伸ばす

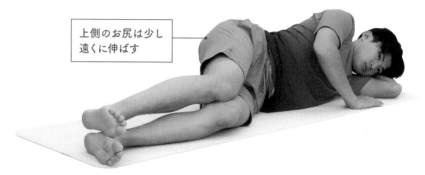

02

下側の脚は軽く曲げたまま、上側の脚を腰の高さまで持ち上げる

脚は遠くに伸ばす

最初は小さな円を描くことから

最初から大きな円を描くと骨盤が動揺するので、小さな円を描くことから意識しましょう。

NG

脚を上げた際にマウスハウスがつぶれてしまうのはNG。体幹も使って、空間をキープする

マウスハウス

03

持ち上げた脚を、股関節から外旋する。下側の手は頭部を支えるようにし、上側の手は胸の前についておく

股関節から外旋する

04

脚を遠くに伸ばしながら、股関節で小さな円を描くように動かす。その後、逆回りでも円を描いていく

股関節で円を描く

Exercise 27／側臥位

フロント＆バック

刺激される部位

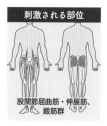

股関節屈曲筋・伸展筋、
殿筋群

目的 股関節の屈曲・伸展を促し、野球動作中の
股関節の動きをスムーズにする。

回数 約 **8** 回

動画はこちら

01

骨盤を床に対して垂直にし、横向きになる。上側のお尻を少し遠く
に伸ばすようにして骨盤をニュートラルにする

上側のお尻は少し
遠くに伸ばす

02

下側の脚は軽く曲げ、上側の脚を腰の高さまで持ち上げる

上側のお尻は遠くへ伸ばすように

上側の手は胸の前に

頭部は下側の手で支える

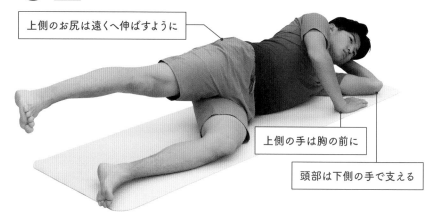

NG

運動中に骨盤が床に対して垂直でなくなってしまっている

膝を曲げずに行う

膝を曲げずに、股関節から脚をスイングさせるように意識します。安定させるために、体幹部も使いましょう。

03 足先を伸ばして、息を吸いながら脚を前に伸ばす

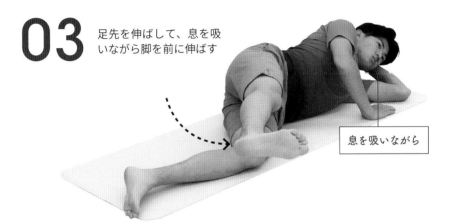

息を吸いながら

04 息を吐きながら2に戻り、脚を後ろに伸ばす。2〜4を繰り返す

股関節から脚を
スイングさせる意識で

息を吐きながら

Exercise 28／側臥位

ソラシックオープナー

目的 脊柱と肩甲骨の連動性を高め、スムーズな投球へとつなげる。

回数 左右 **10** 回ずつ

動画はこちら

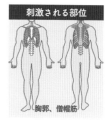

刺激される部位

胸郭、僧帽筋

01

床に対して骨盤が垂直になるように横向きになる。左脚を前に出し、膝・股関節を 90°屈曲させる。手は肩の高さにまっすぐ伸ばし、指先をそろえる。頭から右足先が一直線になるようにする

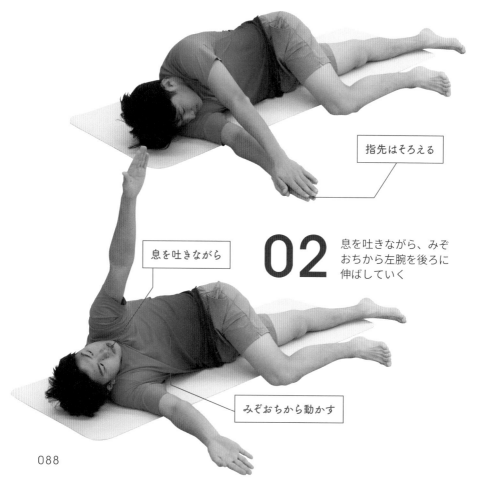

指先はそろえる

02

息を吐きながら、みぞおちから左腕を後ろに伸ばしていく

息を吐きながら

みぞおちから動かす

腰に痛みのある人へ

1の姿勢で腰に痛みのある人は、上側の膝をヨガブロックなど高さのあるものの上に置いて行いましょう。

NG

3のときに上側の膝が床から離れてしまっている。1の姿勢が保てる範囲で胸を開いて行う

03 顔の真上を通過したら肘を曲げ、肘を床に近づけていく。このとき目線は指先にもっていく。手のひらは外側に向ける

目線は指先

04

息を吸いながら、1に戻る。1〜3を繰り返す。右脚を上側にした側臥位でも同様に行う

息を吸いながら

Exercise 29／膝立ち位

サイストレッチ

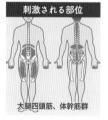

刺激される部位

大腿四頭筋、体幹筋群

| **目的** | 大腿四頭筋のストレッチと体幹筋を強化する。ハムストリングスの肉離れの予防にもなる。 |
| **回数** | 約 **5** 回 |

動画はこちら

01

膝をこぶし幅にして膝立ちになり、手は前に倣えをする

**膝から肩まで
まっすぐに**

膝から肩までが板のように
まっすぐになるようにしま
す。お尻が出たり、背中が
丸まったりしないように注
意してください。

NG

無理に倒れよ
うとして、股
関節の屈曲が
入るのはNG。
無理なくいけ
るところまで
倒れる程度で
OK！

02 息を吐きながら、膝を支点にして体幹を後ろに倒していく。股関節
の屈曲が入らない位置まで倒れたら、息を吸いながら1に戻る。1
と2を繰り返す

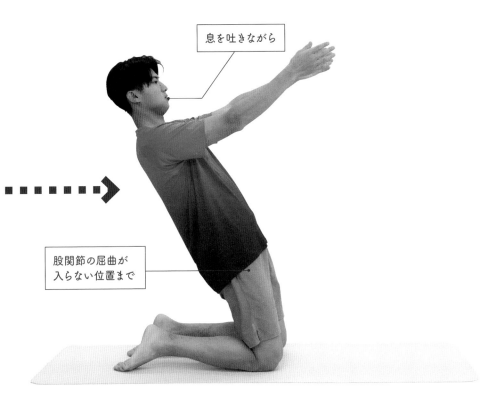

息を吐きながら

股関節の屈曲が
入らない位置まで

Exercise 30／膝立ち位
ハーフニーリングストレッチ

動画はこちら

刺激される部位

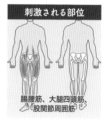

腸腰筋、大腿四頭筋、股関節周囲筋

目的 腸腰筋の柔軟性を高め、腰痛の予防に役立つ。投球動作の並進運動にもつながる。

回数 左右約 **10** 回ずつ

01 左脚を前に出し、右膝を床についた片膝立ちの姿勢になる。左脚は股関節、膝ともに 90°屈曲、右脚は股関節を伸展させ、膝は 90°屈曲させる。手は腰に当てておく

股関節、膝の角度は 90°

股関節は伸展、膝は 90°

重心移動させながら
付け根の奥を伸ばす

2のときに、後ろ脚の付け
根の奥が伸びているのを感
じましょう。

NG

肋骨が浮いて、
腰が反ってし
まうのは NG。
体幹はまっす
ぐで、背骨は
つねに上に伸
ばす意識で運
動する

02

息を吐きながら、重心を前側に移動させる。息を吸いながら1に戻る。
1と2を繰り返す。脚を入れ替えて右脚も同様に行う

息を吐きながら

重心を
前側に移動

Exercise 31／膝立ち位

ハーフニーリングツイスト

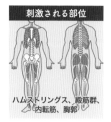

刺激される部位

ハムストリングス、殿筋群、
内転筋、胸郭

目的 ハムストリングス、殿筋群、内転筋を強化し、力強い下半身をつくる。

回数 左右 **10**回ずつ

動画はこちら

01

右脚を前に出し、左膝を床についた片膝立ちの姿勢になる。右脚は股関節、膝ともに 90°屈曲、左脚は股関節を伸展させ、膝は 90°屈曲させる。右手は腰に当て、左手は右のわき腹あたりにもっていく

右手は腰に、左手は右のわき腹あたり

02

息を吐きながら、左胸を右膝に近づけるように体幹を捻る

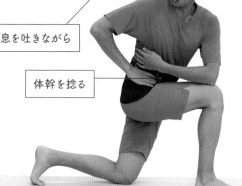

息を吐きながら

体幹を捻る

まずは5回を
目指してチャレンジ！

プロ野球選手にも「きつい」といわれているメニューなので、小・中学生は5回を目指してチャレンジしてみましょう。

NG

5のときに前脚の膝が後ろに伸びてしまうのはNG。前脚の膝の位置は4のときから変わらないようにする

息を吸いながら

03

04

息を吸いながら、1に戻る

1〜3を10回繰り返したら、2の姿勢を保ち、右の股関節に重心をのせる。左膝を床から少し浮かせる

重心は
右股関節に

05

右のハムストリングス、殿筋群、内転筋で床を押すようにして身体を持ち上げ、4に戻る。4と5を10回繰り返す。左脚を前にして同様に行う

Memo

それぞれの身体に合った
「オリジナルレシピ」を！

　野球動作に必要な身体機能を回復・向上させるためのピラティス・エクササイズをご紹介しました。これらはピラティスの一部ですが、グラウンドや自宅で取り組みやすい内容になっています。

　すべてに取り組む必要はありません。現在行っているトレーニングやアーリーワークに取り入れるのもよし、本書で紹介したエクササイズを組み合わせるのもよし。自身に必要なメニューを組み合わせて、「オリジナルレシピ」を作ってみてください。添付の QR コードから動画で動きを確認し、Advice や NG ポイントをおさえながら、正しい動きで行うようにしてください。

　ピラティスは 3 か月で変化がわかるといわれているように、大切なのは『継続』です。回数はあくまで目安として記載していますので、無理のない範囲で、まずは継続——。自分のペースで行いましょう！

Chapter 4

ピラティス・エビデンス

◆

ピラティスの介入研究は、
国内外で活発に行われています。
その結果、柔軟性や安定性を向上させ、
特に腰痛に関して改善効果が報告されています。
そのほかのピラティスに関するエビデンスについて、
図表を用いながら解説します。

Pilates
evidence

腰痛との相性は◎
（にじゅうまる）

野球の走塁時に起りやすい肉離れの予防にも効果的

　これまでに、一般の腰痛患者に対するピラティスの介入研究は国内外で数多く行われてきました。

　スペインで行われた慢性的に腰痛がある患者に対して、週2回、8週間のピラティスを処方した研究では[7]、患者が感じる痛みのポイントが減少し、日常生活活動への影響をはかる質問紙のスコアも改善を示しています。さらに、腰痛に関連するといわれている柔軟性や安定性も改善を示し、8週間のピラティス・エクササイズは慢性腰痛患者に効果的であるとしています。

　さらに、韓国の中学生野球選手を対象にピラティスを介入した研究[8]では、週に3回、8週間のピラティスの効果を検証しています。この研究では、野球の走塁時に発生する肉離れの原因になる、ハムストリングス（Hamstrings）と大腿四頭筋（Quadriceps）のバランスであるH/Q比が、ピラティスの介入前後でどのような変化をみせるかに着目しました。H/Q比が0.6以下であると、野球の走塁時に起こるケガのリスク要因だといわれていて、この研究では参加選手の平均値が、ピラティス介入後は左脚で正常値の0.6に、右脚も0.57とほぼ正常の値に改善したと報告しています。

　また、体幹の強度にも着目しており、体幹の屈曲・伸展においてもピラティス介入後は強化したという結果になりました。体幹が安定すると肩関節や肘関節への負荷も減るといわれていますので、青年期の野球選手に多い肩・肘障害への予防にもつながるといえそうです。

身体機能の回復にとどまらず 痛みの感じ方の軽減につながる

　身体だけではなく、痛みの感じ方への効果もあげられています。腰痛に限らず、身体に不調があると「悪化したらどうしよう」など、運動をすることへの恐怖心を抱いたことがある方もいらっしゃると思います。慢性腰痛患者に対して週２回、12週間の介入を行った研究[9]では、痛みの程度だけでなく、その部位を動かすことへの恐怖心がどの程度変化したかを調査しました。その結果、腰痛の程度も運動に対する恐怖心も有意に減少しました。

　この研究では、運動することへの恐怖心がなくなることで、これまでできなかった活動ができるようになり、自信につながるとも述べています。野球にたとえると、痛みによる不安を抱えながらプレーするよりも、痛みがなく投球・打撃動作に不安のないほうがより自信を持つことができ、よいパフォーマンスができると思います。

　このように、ピラティスは身体機能の回復だけでなく、それによる痛みの感じ方などのメンタル面へも効果的だといえます。

7）MC Valenza et al. , 2017
8）Jae Ho Park et al. , 2020
9）David Cruz-Diaz et al. , 2018

気づかなかった自身の体調と対峙

▌新たな気づきで「自身の身体を知ることができた」、「球速が上がった！」

　早稲田大学野球部で３か月間、ピラティスに参加した選手からは、新たな気づきがあったという声が多くあがりました。データ収集のためのレッスンは週に１回・60分だけでしたが、中には自身で週に４回実施した、日々のストレッチの中にピラティスを数種目取り入れて、毎日継続したという選手もいました（図5）。

図5　1週間でのピラティス実施回数

1週間に何回実施しましたか？
97件の回答
■ 1回
■ 2〜3回
■ 4〜5回
■ 毎日

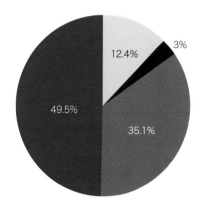

　全選手がピラティスに取り組むのが初めてで、約87％の選手が身体の変化を感じたといいます（図6）。参加したことで、「身体の機能を高めることの重要性を感じた」、「自身の身体機能の弱点を知ることができた」、「自身の身体の特徴を知ることができ、不調の際の原因をスムーズ

にみつけられるようになった」など、野球を10年以上やっていても気づかなかった自身の身体について、把握する機会になったようです。

ピッチングフォームやバットの軌道ももちろん大切ですが、それを操るのは自分自身です。まずはその身体が機能しなければ、素晴らしい技術や才能を持っていても、グラウンドで発揮することはできません。持っている技術や才能をグラウンドで発揮できるフェーズに行くためにも、まずは自身の身体と向き合ってください。

図6　身体の変化の感じ方

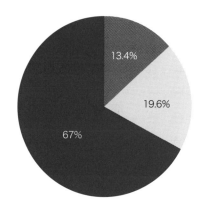

身体の変化を感じましたか？
97件の回答
■すごく感じた
■少し感じた
■感じなかった

13.4%
19.6%
67%

習慣の改善で
パフォーマンス向上へもつながる

また、約90％の選手が「ケガの予防につながった」と回答しました（図7）。レギュラーの中には「最後までリーグ戦に出場できたのは、ピラティ

スのおかげ」と振り返る選手や、「腰が痛くなくなった」、「肩肘の不安がなくなった」、「走塁時の股関節への負担が減った」、「わき腹の柔軟性向上による肉離れの予防」、「気づいたら膝の痛みが消えていた」など、これまで抱えていた痛みやその不安を解消できた選手が多くいました。

図7　ケガの予防・緩和への影響

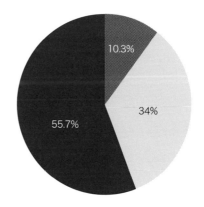

ピラティスにより、ケガの予防（もしくはケガの痛みの減少）につながったと感じますか？
97件の回答
　すごく感じる
■少し感じる
■感じない

10.3%
34%
55.7%

　その結果、90％を超える選手がパフォーマンスの向上にもつながったと振り返っています（図8）。「球速が5キロ上がった」という投手や、「ファーストを守る際に、以前より伸びて捕球できるようになった」、「バッティング時のフォロースルーが大きくなった」、「瞬発力が上がった」、「身体のコントロールができるようになり、再現性が高まった」など、身体の変化を、野球動作の中で感じられるようになりました。
　ジョセフ氏が人間本来の姿を獲得すると述べたように、本来あるべき姿勢やよいコンディションを保つことで、ケガの予防につながるだけでなく、パフォーマンスの向上にもつながります。技術に関する情報が入りやすくなった昨今、その情報を生かすためにも、つねに万全な身体でいてほしいと思います。

図8　パフォーマンスへの影響

ピラティスにより、野球のパフォーマンスアップにつながったと感じますか？
97 件の回答
　すごく感じた
■少し感じた
■感じなかった

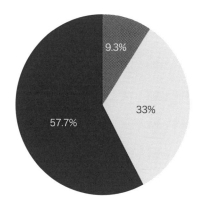

9.3%

33%

57.7%

阪神タイガースの選手を指導中

腰痛の診察所見がゼロに！

シーズン中の野球選手の 腰痛にも効果あり

　野球選手の腰痛に対してのピラティスの効果も、検証しています。早稲田大学野球部の中で、過去6か月以内に腰痛の症状を訴えた12名を対象に、週に1回、3か月間ピラティスを介入しました。

　実験開始前に整形外科医による診察を行い、腰痛を病態別に分類。脊柱起立筋の筋付着部障害が4名（うち2名は椎間関節性腰痛も併発）、椎間板性腰痛が3名、椎間関節性腰痛が3名、筋筋膜性腰痛が2名、仙

表1　整形外科医による病態評価および身体所見の変化

対象者	実験開始前の病態評価	実験開始前	実験後
A	仙尾関節障害	なし	なし
B	椎間板障害	左 SLR テスト陽性、ジャックナイフ陽性	なし
C	椎間板障害	前屈制限・前屈誘発腰痛、ジャックナイフ陽性	なし
D	椎間板障害（診察時所見なし）	なし	なし
E	椎間関節障害	なし	なし
F	腰椎分離症（椎弓疲労骨折既往あり）	左ケンプ手技にて腰痛誘発	なし
G	筋付着部障害、椎間関節障害（診察時所見なし）	なし	なし
H	筋付着部障害、椎間関節障害	伸展制限・伸展誘発腰痛、左右ケンプ手技にて腰痛誘発、左 PHE テスト陽性	なし
I	筋付着部障害（診察時所見なし）	なし	なし
J	筋付着部障害	なし	なし
K	筋筋膜障害	左右 PHE テスト陽性	なし
L	筋筋膜障害	伸展制限・伸展誘発腰痛、右ケンプ手技にて腰痛誘発、右 PHE テスト陽性	なし

骨と尾骨間に疼痛を有する仙尾関節障害が1名、腰椎分離症が1名で、同様の評価を全実験終了後にも行い、病態・臨床所見の変化を比較しました。その結果、全選手において介入前の診察でみられた腰痛特有の身体所見はなくなっていました（表1）。

　また、腰痛に関連するといわれている股関節の可動域や、ハムストリングス・大腿四頭筋の柔軟性など、複合的な動きをみるための体幹前屈動作などを計測しました。

　股関節の内旋においては、投球側（右投げなら右脚）、非投球側とも、介入前より有意に可動域が大きくなりました（図9）。

図9　股関節内旋可動域の変化

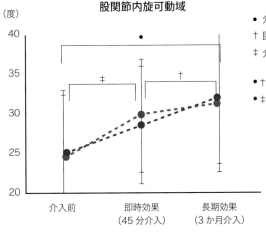

"よい張り感"をみつけるために
ピラティスを活用

　ハムストリングスの柔軟性も、投球側と非投球側ともに改善がみられました。とくに投球側においては、有意な改善がみられました（図10）。非投球側は踏み込み脚になるため、投球側に比べると日ごろから負荷が大きく、改善が鈍かった可能性があります。ただ、これについては「柔軟性があるからよい」とは一概にいえないと考えています。

　あるプロ野球投手が、「腰が張っているので下肢背面（お尻やハムストリングス）を少し緩めたいです」と、ピラティスを受けにきたことがあります。レッスン前に身体をみると、確かに非投球側の下肢の張りが強い傾向でした。しかし、非投球側は踏み込み脚でブレーキとしての作用もあるため、緩めすぎるとブレーキが効きにくいと感じる可能性もありました。その辺を選手と話し合い、「腰の張りをとる」ことをその日

図10　ハムストリングスの柔軟性の変化

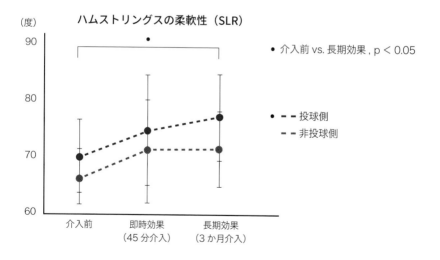

は優先して、下肢背面を緩めるピラティスを行いました。

　それによって腰の痛みはなくなったのですが、翌日投球するとやはり「少し踏み込み脚の踏ん張りが効かない……」ということに気づきました。大きな障害を起こさないことはとても大切ですが、この例から「柔軟性があればあるほどよい」というのとも違うといえます。

　障害リスクになるほどの過緊張はよくないのですが、みなさんも自分自身に合ったコンディショニングで、"よい張り感"をみつけることが大切だと思います。

複合的な動きも有意に変化
各身体機能の改善の可能性広がる

　大腿四頭筋（図11）、体幹前屈動作（図12）の変化率は以下の通りです。大腿四頭筋もハムストリングスと同じく、投球側で有意な変化が

図11　大腿四頭筋の柔軟性の変化

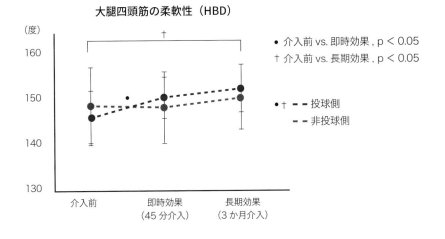

図 12　体幹前屈動作の変化

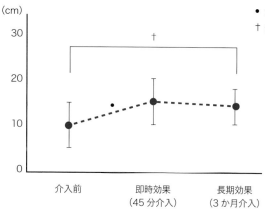

複合的な柔軟性（FFD）

みられました。

　体幹前屈動作には、股関節やハムストリングスの柔軟性、脊柱の動きなどが関連します。その複合的な動きも有意な変化を示しました。

　本実験は、リーグ戦が行われる期間での研究であり、練習や試合の負荷もシーズンオフに比べて高かったにもかかわらず、このような各身体機能の改善がみられました。

　前項でご紹介したように、週に２、３回介入をしていれば、より大きな改善がみられた可能性はあります。しかし、シーズン中に週１回でもこのような取り組みができ、腰痛の改善もみられたことから、一定の効果があったといえると思います。

腰痛改善の症例（ピラティス指導2か月）

Before

椎間関節性腰痛のためアップドッグができない

After

腰痛は改善しアップドッグできるようになった

Comment by KANEOKA

練習前、練習後にピラティスをプラスして
最適なコンディションづくりを

　野球の投げる・打つの動作には、骨盤、腰、胸郭、肩、肘を大きな動きが求められるため、腰痛を持つ選手が多くなります。腰痛にもさまざまな原因がありますが、大きく筋肉の負担からくるものと、腰の関節に負担が加わるものに分けられます。

　早稲田大学野球部選手のうちで、直近の6か月の間に腰痛を経験した選手を集めたところ、12名の選手がいました。彼らを診察したところ、身体を動かすときの腰痛出現、腰を押したときの痛みの有無などの診察所見がいくつかありましたが、3か月のピラティスを行ったあとの診察のときには、それらの所見がなくなっていました。

　私は、これまで多くの腰痛を持つアスリートを診察してきていますが、シーズン中で練習や試合を続けながら、薬などの力を借りずに腰痛の所見がなくなるということに驚かされました。

　このような効果が得られたのは、ピラティスによって身体のコンディショニングが整えられたためと考えます。ピラティスをきつい練習前のアップや練習後のダウンに取り入れ、定期的な練習スケジュールに加えることで、自身の最適なコンディションづくりに役立ててください。

金岡恒治

全身の身体機能が向上

室伏広治氏考案の「セルフチェック」 セルフ・コンディショニングの知見が結集

　前項では、腰痛既往のある選手に対しての介入研究でしたが、それとは別に、早稲田大学野球部の健常選手も含めた97名を対象とした介入研究も行いました。

　介入は前項と同じく、週に1回、3か月間としました。この研究では、スポーツ庁の室伏広治長官が考案したセルフ・スクリーニングテストKOJI AWARENESS™（以下、KA）を使用しました。

　KA は、室伏氏が現役時代に取り組んできたセルフ・コンディショニングの知見を結集し、特別な道具を使用せずに、簡易的に誰でも筋骨格系（運動器）の状態をスクリーニングする方法として発案されたものです。

　頸部から足関節にかけての全身の可動性や安定性などを11項目、最大50点で評価するもので、身体機能の正常範囲は41〜50点とされています。本来はセルフチェックで行うテストですが、今回の研究では評価方法に差が出ないようにするために、計測者を統一して評価しました。

　ピラティスの介入前の平均点は40.3点と、正常範囲を下回っていました（図13）。しかし、3か月のピラティス介入後は平均点が43.5点と正常範囲内になりました。97名中75名の点数が上がり、満点の50点を獲得した選手は、介入前は5名しかいなかったところ、介入後は11名と倍以上に増えました。

　ピラティス実施後に満点となった選手は、定められた週1回のレッス

ンだけでなく、それ以外に自身のウォーミングアップに毎日取り入れていた選手や、週に2～3回以上実施している選手たちでした。

図 13　KOJI AWARENESS ™の変化

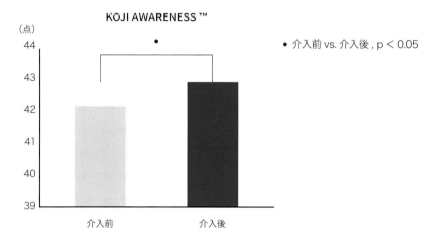

KOJI AWARENESS ™

● 介入前 vs. 介入後, p < 0.05

野球動作に必要な骨盤の
前傾・後傾の可動性もアップ！

　さらに、今回の研究では、投球動作・打撃動作・捕球動作など野球の
さまざまな動きに必要な骨盤の前傾・後傾の総可動域の変化も調査して
います。

　四つ這い位と座位の２つの肢位で、自分の意思で骨盤を前傾（腰を反
る）・後傾（腰を丸める）してもらいました。

　座位においては、どのように身体を動かすと前傾・後傾できるのかが
わからないという人もいます。一度、みなさんも椅子の端に座った状態
で骨盤を動かしてみてください。

　できますか？

「動かし方はわかるけれども、うまくできない」という方は、体幹のイ
ンナーマッスルの機能低下が原因の可能性もあります。早稲田大学野球
部では、介入前の前／後傾総可動域は四つ這い位で 41.9 度だったのが、
介入後は 48.2 度になり、座位においても、介入前が 27.5 度だったのが、
介入後は 31.3 度と有意に大きくなりました（図 14）。

野球動作に必要な骨盤の
前傾・後傾の可動性もアップ！

　金岡恒治先生が Chapter 2 で述べられたように、ピラティスはモー
ターコントロール機能を向上させるために最適なエクササイズといえま
す。

　自身の身体をコントロールするということを、ピラティスを用いた運
動学習で覚えさせることで、骨盤の前傾・後傾もスムーズになります。
また、骨盤周囲筋の機能低下によって骨盤運動がうまくできなかった選
手は、ハムストリングスや大腿四頭筋などの機能が改善したことにより、
前傾・後傾運動がスムーズになった可能性が考えられます。

本研究もリーグ戦を含むシーズン中に行いましたが、ご紹介したように全身の身体機能が改善を示す結果となりました。参加頻度が少なかった選手のほうが、改善が鈍かったことから、定期的に継続して取り組むことをおすすめします。

図 14　骨盤前傾・後傾総可動域の変化

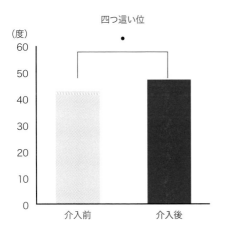

四つ這い位

• 介入前 vs. 介入後, p < 0.05

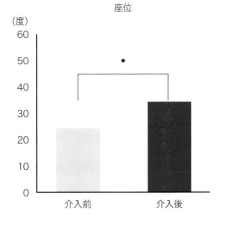

座位

• 介入前 vs. 介入後, p < 0.05

自分の身体に足りない機能を補うために もっと頭を使って練習を！

　早稲田大学野球部の選手は、ある程度身体機能の高い集団といっていいと思います。しかし、全身の身体機能を評価する KOJI AWARENESS™ テストでは 50 点満点のうち 40 点しか取れていませんでした。それはなぜでしょう？

　おそらく多くの野球選手たちは、野球の動作を何度も何度も繰り返していますが、全身をうまく動かす運動（エクササイズ）は足りていなかったのだと思います。エクササイズにはいくつかの種類があります。1 つが全身持久力を高める有酸素運動、いわゆる走り込みに相当します。次に筋力を高める筋力トレーニング、いわゆる筋トレです。また関節の可動域を広げるために筋肉の柔軟性を高める運動、いわゆるストレッチがあります。そしてもう 1 つ大切なのが、身体を自分の意思でうまく動かすための身体の使い方を学んで、うまくできていることを確認するモーターコントロール・エクササイズです。バランス能力を高める運動といってもいいと思います。

　食事からとる栄養素にはタンパク質、炭水化物、脂質、ビタミン、ミネラルの 5 種類がありますが、運動も栄養と同様に大きく 4 つの種類があり、これらをバランスよく実施することが大切です。おそらく早稲田大学の野球部員もモーターコントロール系のエクササイズが足りていなかったので、KA での点数が伸びなかったのだと思います。

　そのため、モーターコントロールを改善する働きのあるピラティスを 3 か月間行うことで、KA の点数が改善したと考えます。また骨盤を自分で動かせる範囲が広がりました。これは、今まで自分の力で自分の持つ可動域を最大限に動かせていなかったのが、ピラティスの介入によって動かせるようになった、つまり自身の身体のモビリティー（mobility ＝身体を動かす能力）を高めることができたといえます。

　このように自身のモビリティーを高めることができれば、野球動作のときの腰や肩や肘への負担を減らすことができ、ケガや故障を予防することができます。またモビリティーが高まれば、もちろんより速い球をより正確なコントロールで投げることができるでしょうし、今までは届かなかったボールにもバットが当たり、捕球できるようになると思います。

　きつい走り込みや、筋トレを行うだけが練習ではありません。もっと頭を使って、自分の身体に足りない機能を補うための練習を行いましょう。

金岡恒治

Chapter 5

野球ピラティス・
プログラム

◆

才能、技術、知識など素晴らしいものがあっても、
健康な機能する身体がなければ、
残念ながら野球はうまくなりません。
つねにパフォーマンスを発揮できる状態でいるために
不可欠なピラティス・エクササイズ。
目的別のメニューを紹介します。

Baseball Pilates
Program

ウォーミングアップ・メニュー例

まず、練習に入るための身体を準備するのにおすすめのメニューです。呼吸を意識しながら身体を内側から目覚めさせましょう。

1 CAT（P034）

↓

2 スレッドザニードル（P036）

↓

3 ヒップストレッチ（P078）

↓

4 ヒップストレッチ応用（P080）

↓

Baseball Pilates Program

5 ハンドレッド (P048)

6 ロールダウン (P060)

7 ソラシックオープナー
(P088)

8 ハーフニーリング ストレッチ (P092)

9 ハーフニーリング ツイスト (P094)

肩・肘のケガ予防や強化のためのメニュー例

　肩や肘に痛みや不安がある人、または予防に適したメニュー例です。おもに、体幹や胸郭、肩周りにアプローチしています。これだけ行えばいいのではなく、ピラティスの目的は全身を整えること。忘れないでください。

1 ロールダウン応用（P062）

2 ローリングライクアボール（P064）

3 クリスクロス（P042）

4 シーティッドツイスト（P072）

Baseball Pilates Program

5 マーメイド (P074)

6 リバースプランク (P070)

7 リーチング
アームス (P052)

8 ソラシックオープナー
(P088)

9 ショルダージョイントストレッチ (P054)

腰のケガ予防や強化のためのメニュー例

　腰痛のある人は体幹がうまく使えていないことが影響していることが多く、体幹の強化にもつながるエクササイズになっています。脊柱や股関節など腰痛に関連する部位にもアプローチしています。これだけ行えばいいのではなく、全身を整えることも頭に入れて行ってください。

1 CAT（P034）

2 ヒップローテーション（P040）

3 スイミング修正（P038）

4 ロールアップ（P050）

Baseball Pilates Program

5 シングルレッグ
ストレッチ（P046）

6 ASブリッジ （P044）

7 レッグサークルズ （P084）

8 フロント＆バック
（P086）

9 サイストレッチ
（P090）

力強さと柔軟性を
兼ね備えた投球フォーム

ピラティスをトレーニングに取り入れることで、自分の身体を知ることができたという投手の力感、柔軟性を増した投球フォーム。ピラティス習慣で素晴らしい技術や才能をグラウンドで発揮してください。

おわりに

　数あるトレーニング本の中から本書を手に取ってくださり、ありがとうございます。

　幼少期から野球が大好きだった私。仕事としてはアナウンサーとして関わり始めましたが、いつしか「野球選手のケガを減らしたい」という想いが募るようになり、障害予防にも効果的とされるピラティスを専門としたトレーナーを志しました。素晴らしい才能を持ったプロ野球選手でも、ケガによってその能力を発揮できず、時には「あいつはもう終わった」、「ドラフト失敗」などと、自由に揶揄される光景は、いち野球ファンとして悔しく思えました。

　もちろんプロ野球選手だけでなく、彼らにあこがれて白球を追い始めた少年少女や高校球児、どのカテゴリーの野球選手も、ケガによって選手生命が絶たれてしまうのは、本人にとっても、家族など応援する人にとっても悲しいと思います。

　本書では、野球選手に必要であると考えるピラティス・エクササイズをご紹介しました。それだけでなく、エビデンスに基づいたさまざまな野球に関する障害やピラティスの効果に関するデータもご紹介し、野球選手の障害予防や改善、パフォーマンスアップにピラティスが一定の効果があることを感じていただけたかと思います。

Conclusion

　高級グラブやバット、スパイクなども、スキルアップに必要な道具かもしれませんが、みなさんの〝身体自体〟が一番大切な道具です。グラブを磨くように、〝身体〟というお金では買えない道具を、つねにいい状態に保ってあげてください。

　私自身も腰痛をきっかけにピラティスを始めましたが、どの治療院で施術を受けても薬を飲んでもよくならなかったものが、今では何の不安もなく快適に過ごすことができています。姿勢が改善され、痛みがなくなったことで、心も健康に過ごせるようになりました。本書が、みなさんが今後、ケガなく笑顔で、大好きな野球に取り組んでいける一助になりますと幸いです。

　このような書籍という形にする機会をくださったベースボール・マガジン社様、ご監修いただいた金岡恒治先生、約3年間に渡りたくさんのデータを収集いただいた早稲田大学野球部・小宮山悟監督、早稲田大学野球部員、早稲田大学ベースボール科学研究所員、本書を作成するにあたりご協力くださいましたみなさまに感謝申し上げます。

2024年5月
市川いずみ

監修を終えて

"優れた選手はケガをしない……"という言葉を耳にします。

その真意は、競技パフォーマンスが高い選手は自分の身体を理想どおりに動かすことができるため、ケガや故障を引き起こすような不良動作を行うことが少ないため、ケガをしにくい……、ということです。

では理想的な身体の使い方を身につけるにはどうすればよいのでしょう？

そのためには、きつい走り込みや筋トレやストレッチだけでは不十分で、ピラティスのようなモーターコントロール・エクササイズが必要です。

本書に紹介しているエクササイズを定期的に行うことで、ケガや故障を予防できるだけでなく、競技パフォーマンスも高まります。

ぜひこの機会にしっかりとピラティスを取り入れて、自分の身体を自由に操れるようになってください。

金岡恒治

市川いずみ
<small>いちかわ</small>

ピラティス・インストラクター。2022年からプロ野球・阪神タイガースでピラティス講師を務める。タイガースだけでなく、森下暢仁投手（広島東洋カープ）や杉本裕太郎選手（オリックスバファローズ）、細川凌平選手（北海道日本ハムファイターズ）、前田悠伍投手（福岡ソフトバンクホークス）などのプロ野球選手もサポート。早稲田大学ベースボール科学研究所の招聘研究員として、同野球部でも指導し、近江高校（滋賀）や高川学園高校（山口）などの甲子園出場校でトレーナーも務める。早稲田大学スポーツ科学研究科修了（スポーツ科学修士号）。「野球選手の障害に対するピラティスの効果」を専門に研究。

金岡恒治
<small>かねおかこうじ</small>

早稲田大学スポーツ科学学術院教授。日本整形外科学会認定専門医・脊椎脊髄病医、日本水泳連盟参与・医事委員会副委員長、日本スポーツ協会（JSPO）公認スポーツドクター、JSPO医学委員・アスレティックトレーナー部会員ほか。シドニー、アテネ、北京オリンピックの水泳チームドクターを務め、ロンドンオリンピックには日本オリンピック委員会（JOC）本部ドクターとして帯同した。アスリートの障害予防研究に従事し、体幹深部筋研究の第一人者。運動療法の研究・教育・実践に携わる。2023年日本仙腸関節研究委員会会長、2024年日本スポーツ整形外科学会会長。東京・広尾のSPINE CONDITIONING STATIONにてセカンドオピニオン外来を実施している。

参考文献
【書籍の引用】
CONTROLOGY ピラティス・メソッドの原点
著者：ジョセフ・H・ピラティス　翻訳：川名昌代
2009年 / 万来舎

【論文引用】
Results of a Pilates exercise program in patients with chronic non-specific low back pain: a randomized controlled trial
MC Valenza et al. , 2017

Effects of 8-week Pilates training program on hamstring/quadriceps ratio and trunk strength in adolescent baseball players: a pilot case study
Jae Ho Park et al. , 2020

The effectiveness of 12 weeks of Pilates intervention on disability,
pain and kinesiophobia in patients with chronic low back pain: a randomized controlled trial
David Cruz-Díaz ett al. , 2018

冨田和秀ほか :MRI を用いた胸式呼吸と腹式呼吸における横隔膜運動の動的解析 . 第 39 回日本理学療法学術大会 ,2004）

【HP】
スポーツ庁HP: スポーツ庁 Web 広報マガジン | 室伏長官考案の「セルフチェック」を学んでみませんか？〜身体の機能や痛みのマネージメントをしましょう〜（sports.go.jp）

Baseball Pilate

野球ピラティス

野球のケガ予防とパフォーマンス向上に役立つ
究極のピラティス・エクササイズ

2024 年 5 月 30 日発売　第 1 版第 1 刷発行

著　　者　市川いずみ
監 修 者　金岡恒治
発 行 人　池田哲雄
発 行 所　株式会社ベースボール・マガジン社
　　　　　〒 103-8482
　　　　　東京都中央区日本橋浜町 2-61-9 TIE 浜町ビル
　　　　　電話　03-5643-3930（販売部）
　　　　　電話　03-5643-3885（出版部）
　　　　　振替　0018-6-46620
　　　　　https://www.bbm-japan.com

印刷・製本　共同印刷株式会社